Lk 822.

AU CONSEIL MUNICIPAL
DE BAYONNE

DES PROJETS
DE
TRAVAUX COMMUNAUX
EN PRÉSENCE DU RÉSULTAT
DES
RÉCENTES EXPROPRIATIONS

BAYONNE
IMPRIMERIE E. LASSERRE, RUE ORBE, 20.

1861

AU CONSEIL MUNICIPAL

DE BAYONNE

Y a-t-il lieu de modifier les projets de travaux communaux en vue des graves mécomptes qui ont déjà surgi ?

La troisième session ordinaire de 1861 s'est ouverte le 13 août dernier, lorsque le jury d'expropriation formé à l'occasion des projets de construction du quai Napoléon et des Halles Centrales venait de terminer ses travaux, et de faire monter à 1,160,000 fr. le prix des 26 maisons à démolir, qui n'avait été compté que pour 761,600 fr. dans les projets municipaux.

En présence d'un si grave mécompte, M. le Maire eut le bon esprit de dire au Conseil qu'il y avait lieu de se recueillir et de procéder à la révision des projets. Il lui demanda le temps nécessaire pour se livrer à cette étude, qui ferait l'objet d'un rapport; et ce temps lui fut accordé avec une satisfaction manifeste.

Le Conseil s'attendait à entendre ce rapport dans sa plus prochaine séance, et grande fut sa surprise lorsque, réuni en séance extraordinaire le 11 septembre, il apprit de M. le Maire qu'il ne lui en serait pas fait, attendu qu'il ne pouvait être question de réviser les projets adoptés, et qu'il ne s'agissait que de pourvoir à l'acquittement du prix des 26 maisons au moyen d'un virement de fonds, et de renoncer au projet (projet si malencontreux!) de concentrer, dans une construction à élever aux allées Boufflers, les écoles primaires communales dirigées par les Frères de la Doctrine Chrétienne, édifiées depuis fort peu d'années dans les quartiers les plus à portée de leurs nombreux élèves.

Ces deux propositions furent adoptées, comme elles devaient l'être; mais un membre fit observer qu'il n'en fallait pas moins examiner très sérieusement où conduisent les mécomptes connus et ceux qu'il est permis de prévoir encore, et il demanda en conséquence que ce soin fût confié à une Commission, puisque M. le Maire ne voulait pas s'en charger.

M. le Maire combattit cette proposition par la raison

que, n'étant pas à l'ordre du jour de cette séance extraordinaire, on ne pouvait s'en occuper; et elle fut rejetée.

Faisons remarquer, en passant, qu'un tel rigorisme était d'autant plus étrange que la proposition d'abandonner la concentration des écoles, proposition qui venait d'être adoptée, ne figurait même pas dans l'ordre du jour en question. Elle était cachée sous ce titre : *Vente de terrains aux allées Boufflers*, et certes cette irrégularité pouvait avoir des conséquences autrement graves que la nomination d'une Commission qui ne résolvait rien et ne pouvait que préparer à des résolutions subséquentes.

J'étais loin de Bayonne. N'ayant pu profiter de la circonstance pour essayer de jeter quelque jour sur la situation, je vais tâcher de le faire maintenant en vertu de mon droit et de mon devoir de Conseiller Municipal, et parce que je ne saurais admettre qu'il soit bon de marcher en fermant les yeux à la lumière, sans souci du lendemain, et tout en disant, comme certaines personnes : « Commençons, commençons; et si nous ne pouvons aller jusqu'au bout, nous nous arrêterons! »

Il est peut-être plus sage de savoir où l'on va, d'entreprendre seulement ce qui est utile et ce que l'on peut conduire à bonne fin.

Examinons donc la situation en commençant par les mécomptes connus et provenant : 1.º du prix à payer pour les 26 maisons; 2.º de la somme à laquelle le Ministre entend borner sa subvention.

1.º Les 26 maisons acquises par expropriation et de

gré à gré ont une surface de 3,410 mètres carrés, selon le tableau n.º 2 des pièces justificatives fournies par M. le Maire.

Elles coûtent .... 1,160,000ᶠ, soit 340ᶠ par m. c.
lorsque l'Administration
les estimait............ 761,600   223

Le mécompte est donc de 398,400ᶠ, soit 117ᶠ par m. c.

C'est plus d'un tiers en sus des évaluations qui avaient été présentées comme très suffisantes!

2.º La subvention de l'État, sur laquelle on comptait dans le projet des Halles adopté, était de 232,000 fr. pour les 1,330 mètres carrés à lui céder pour le quai (1):

Le Ministre entend borner à 200,000 fr. sa subvention totale, devant servir tant au paiement du terrain qu'à la construction du quai, dont la dépense est évaluée à 47,000 fr. Il n'y aurait donc sur cette somme que 153,000 fr. pour le prix du terrain : nouveau mécompte de 79,000 fr.

Mais ce terrain, dont nous ne retirerions que 153,000 fr., nous coûte 452,200 fr. (1,330 mètres carrés à 340 fr.); et cela nous constituerait dès-lors en perte, non plus de 79,000 fr., mais de l'énorme somme de 299,200 fr.

Malheureusement nous avons compté sans l'hôte. Nous aurions dû nous assurer du concours efficace de

---

(1) Il n'y a pas de concordance entre cette somme de 232,000 fr. et le prix de 223 fr. le mètre carré, auquel on comptait obtenir les 26 maisons; car, à ce prix, la subvention serait montée à 396,590 fr.

l'État avant de nous lancer dans cette vaste entreprise ; obtenir de lui l'engagement formel de concourir à l'achat du terrain à tout le moins au prorata de ce que nous le payerions. Ne l'ayant pas fait, nous sommes à sa discrétion, et ne pouvons agir auprès de lui qu'en solliciteurs, bien que le dégagement des quais d'un port maritime soit dans ses obligations étroites et à sa charge spéciale. Espérons que son équité le portera à accepter complètement la juste part qui lui incombe.

Au reste, M. le Maire ne peut traiter qu'à cette condition avec l'État, puisque les pouvoirs qu'il a reçus, à ce sujet et sur sa demande, par la délibération du conseil municipal du 7 octobre 1859, sont ainsi formulés :

« Autorise l'Administration à rétrocéder à l'État
« 1,330 mètres carrés de terrain, nécessaires pour
« l'établissement du quai Napoléon et d'une cale de
« débarquement, selon les projets qui seront ultérieu-
« rement arrêtés entre l'État et la Ville ; la valeur des
« terrains rétrocédés étant payée au prorata des
« acquisitions faites par la Ville. »

Le concours de l'État doit donc être de 452,200 fr., et M. le Maire ne peut admettre qu'il soit d'une somme moindre, puisque c'est le prix du terrain à lui céder *au prorata de ce qu'il a coûté.*

Il y a même de la générosité à le céder au prorata de ce qu'il a coûté ; car M. le Maire était fondé à dire, pages 25 et 26 de son premier projet, « que ces terrains « se composant exclusivement de façades sur la Nive,

« il serait équitable de multiplier la participation
« proportionnelle de l'État par le coefficient 1,75. »
A ce compte, au lieu de 452,200 fr., la part de l'État
eût été de 791,350 fr. pour les 1,330 mètres carrés.

Que faire pourtant si le Ministre persiste dans sa résolution ? Les maisons sont achetées, leur démolition est proche, l'emplacement du quai ne peut tarder à être déblayé. Nous résignerons-nous à accroître de 299,200 fr., soit 300,000 fr. en somme ronde, les énormes sacrifices que nous faisons pour nous donner des Halles Centrales à l'instar de Paris ?

Où cela nous conduirait-il ?

Les . . . . 1,160,000^f, prix d'achat des 26 maisons, seraient réduits de 150,000, montant de la subvention
———————— de l'État.

Resterait . . . 1,010,000^f pour le terrain à affecter aux Halles Centrales.

En y ajoutant 225,000, coût des 2 pavillons selon les
———————— appréciations de M. le Maire,
cela élèverait à 1,235,000^f le prix revenant des Halles, non compris les nouveaux mécomptes, que les mécomptes connus n'autorisent que trop à prévoir.

Il y aura, à tout le moins, les frais non prévus de canaux, de trottoirs, de pavage des rues.

Mettons cependant que ces fameuses Halles ne viennent à coûter que 1,250,000 fr.

Quel sera l'intérêt annuel de ce modeste capital ? 62,500 Fr. Que rapportera-t-il ?

M. le Maire nous le dit dans son projet : 57,500 fr., parce qu'il compte que, sur 1,628 mètres carrés de surface des deux corps de Halles, il y aura 1,150 mètres carrés utilisables, *qui seront entièrement utilisés*, et dont on retirera annuellement en moyenne 50 fr. par mètre carré.

S'il en était ainsi, on aurait bien le produit de 57,500 fr.; mais y compter serait se faire d'étranges illusions. Je crois l'avoir démontré, d'une façon irréfutable, dans mes écrits de 1859.

En effet, les places louées à la Halle actuelle n'occupent qu'une surface de.................... 155 m. c.,
et celles qui sont louées sur les rues et les places par les marchands de comestibles, qu'une surface de.................... 242

Total des places louées *dans toute la ville* aux marchands de comestibles........... 397 m. c.

Et tel était aussi, à peu près, le chiffre des places qui leur étaient louées en 1859.

Comment admettre qu'il en sera loué 1,150 dans les Halles centrales!

Elles rapportent actuellement :

208 m. c. à	»f60c par mois, soit	7f20c par an,	1,497f60c
22	1 »	12 »	264 »
116	1 50	18 »	2,088 »
28	3 »	36 »	1,008 »
23	4 »	48 »	1,104 »

Total 397 m. c., donnant un produit total de... 5,961f60c

ce qui fait, en moyenne, 15 fr. par mètre carré et par an.

Comment admettre que ce prix moyen de 15 fr. puisse être porté à 50 fr. sans écraser de pauvres revendeurs, et sans froisser, par le renchérissement forcé de toutes les denrées alimentaires, la classe si nombreuse des consommateurs ?

Les places louées produisent actuellement 5961 fr. 60 c., à peu près comme en 1859; comment admettre qu'elles produiront cette somme de 57,500 fr., sur laquelle on croit pouvoir compter ?

Dans la conviction que me donne l'étude la plus attentive, c'est un leurre de compter sur la location de beaucoup plus de 400 mètres carrés et sur un prix supérieur de 20 à 25 fr. en moyenne. Supposons cependant l'emploi de 800 mètres carrés : le produit annuel ne serait que de 16 à 20,000 fr., malgré l'exagération de ce chiffre.

Il suit de là que le produit *maximum* à attendre étant de 20,000 fr. et le *minimum* d'intérêts à servir de 62,500 fr., la ville se constituerait en une perte annuelle, certaine, incontestable, de plus de 40,000 fr. en donnant suite à son projet de Halles Centrales.

Si c'était, du moins, pour un intérêt de premier ordre, pour un collége ou tout autre établissement pouvant contribuer à la prospérité et au bien-être de la ville, que nous nous imposerions un si grand sacrifice, il n'y aurait pas à le regretter; mais pour nous donner des airs de capitale, pour imiter ce qui se fait à Paris, dont l'opulence et la prospérité contrastent avec notre décadence commerciale; c'est ce qui ne saurait se concevoir. Les Halles, qui sont là comme ailleurs une source de profits communaux, deviendraient pour nous une cause incessante de ruine.

Qu'il nous soit donné cependant d'obtenir de l'État la juste part qui lui incombe dans les acquisitions faites : 452,200 fr. au lieu de 150,000 fr.; cela réduirait de 300,000 fr. la dépense, et de 15,000 fr. l'intérêt à servir; mais il n'en resterait pas moins une perte sèche et annuelle de plus de 25,000 fr.

Les choses ne sont pourtant plus entières, nous voilà lancés; nous possédons un terrain excessivement cher, et il faut nous tirer le moins mal possible de cette désastreuse entreprise : quel parti prendre ?

Quel parti prendre! mais, en vérité, il ne saurait y en avoir qu'un, s'il est évident que le sacrifice à faire est hors de proportion avec le but à atteindre; et ce parti doit être, tout naturellement, de nous appliquer à diminuer le désastre, soit en faisant subir au projet de Halles de nouvelles réductions, soit en renonçant entièrement à ce projet.

On peut facilement restreindre le projet, et, au lieu de deux pavillons de Halles, n'en faire qu'un qui serait plus que suffisant, comme nous venons de le voir, et comme je crois l'avoir démontré en 1859 par les observations jointes à la réplique de la Commission. Je résumais ces observations comme suit dans ma lettre du 20 octobre à M. le Préfet :

« Vous vous refuserez à croire que cette Halle puisse

« rapporter plus de 20,000 fr. par an, parce que vous
« saurez distinguer entre les marchands de profession,
« qui, seuls, louent des places au mois ou à l'année dans
« les Halles, et les marchands accidentels qui, les jours
« de marché, apportent parfois sur le carreau de la
« Halle le produit de leur chasse, de leur pêche, de leur
« jardin ou de leur basse-cour, et se borneront toujours
« à payer le droit de plaçage à la corbeille et non au
« mètre carré, au jour le jour et non par location. Or, vous
« n'admettrez pas, Monsieur le Préfet, qu'en conservant
« un marché spécial à Saint-Esprit, comme il le faut
« absolument; en ne pouvant empêcher, pas plus qu'on
« ne le tente maintenant à Paris, les marchands des
« quatre saisons d'offrir leurs produits en circulant dans
« la ville, ou de se placer dans des boutiques pour la
« commodité des pratiques qu'ils ont dans chaque quar-
« tier; en réservant la Halle, selon les vrais principes,
« aux objets de consommation qui sont plus particuliè-
« rement sous la surveillance de l'Autorité municipale;
« vous n'admettrez pas, dis-je, qu'il y ait dans notre pe-
« tite ville l'emploi, pour des étalagistes, de plus de 400
« mètres carrés de halle, *maximum actuel,* qui est plus
« susceptible de réduction que d'augmentation. »

Pour avoir une conviction différente, il faut néces-
sairement confondre deux classes bien distinctes de
marchands : celle des gens de la campagne, vendant en
quelques heures matinales les produits qu'ils apportent
au marché; et celle des revendeurs, dont le rôle ne doit
commencer, dans toute ville bien administrée, qu'alors

que le consommateur a fait son choix et a pu s'affranchir des intermédiaires.

On peut dire ainsi avec assurance, en 1861 comme en 1859, que nous aurons à peine une surface de 400 mètres carrés louée à l'année dans la Halle de Bayonne, puisque les places louées aux marchands de comestibles, à ces deux époques, dans la Halle, sur les rues et les places, dans toute la ville enfin, n'atteignent pas ce chiffre.

Chaque pavillon de Halle devant être de 814 mètres carrés, d'après les projets municipaux, et cette surface étant double de celle dont il est permis de prévoir l'emploi, il devient tout à fait inutile de faire, comme on l'a décidé, deux pavillons de cette étendue. En se bornant à en construire un, on acquerrait la disponibilité d'un vaste terrain qui pourrait être revendu pour servir à la construction de maisons d'habitation et d'établissements commerciaux.

Je n'hésiterais pas, dans cet ordre d'idées, à placer ce pavillon de Halle le long de la rue Poissonnerie, son côté le moins large faisant face à la rivière. Se trouvant à l'entrée du pont Pannecau, il serait à portée de toute la ville, et il dispenserait de construire le pont Marengo projeté.

Pour apprécier les résultats financiers de ce système, il importe de se rendre compte de l'espace dont nous avons à disposer :

« Dans ce nouveau projet, » dit M. le Maire à la page 5 de sa proposition d'une Halle réduite, « la ville exproprie « 4,540 mètres carrés, dont :

1,628 m. c. pour deux pavillons de Halle de 814 m. c. chacun ;

1,582 { 220 m. c. pour une rue séparative de 10 mètres de large ;
1,008 pour une rue des Halles de 12 mètres de large ;
354 pour l'élargissement des rues Poissonnerie et Port-de-Suzée.

3,210 m. c.
1,330 rétrocédés à l'État pour le quai.

4,540 m. c. Total. »

Il y a ici une erreur à relever pour éviter toute confusion : la surface des 26 maisons expropriées est de 3,410 mètres carrés, et non de 4,540. La surface disponible n'en est pas moins de ce dernier chiffre, par l'adjonction des arceaux et impasses appartenant déjà à la ville, qui se trouvent dans cet îlot de maisons ; surface réduite en réalité à 3,210 mètres carrés par la rétrocession à l'Etat de 1,330 mètres.

Des doutes sont cependant permis au sujet de l'étendue de la rétrocession à faire à l'État, puisqu'elle ne devait être que de 823 mètres carrés dans le premier projet de M. le Maire, et qu'elle figure pour 1,330 mètres carrés dans le second projet (1). Reste à savoir lequel de ces

---

(1) Il est aussi à remarquer que par le premier projet on faisait payer à l'État.......... .... 286,100ᶠ les 823 m. c.
et que par le second on ne lui fait payer que....... 232,000 1,330

On a peine à comprendre qu'en recevant de l'État.. 54,100ᶠ
de moins on lui donne. . ... 507 m. c.
de terrain de plus !

deux chiffres est exact. Supposons toujours que ce soit le second : nous avons dès-lors à disposer, bien réellement, de 3,210 mètres carrés.

En ne faisant qu'un pavillon de Halle, nous emploierions :

814 m. c.	à ce pavillon ;
220	à une rue séparant ce pavillon des constructions à élever sur le quai et la rue Port-de-Suzée ;
100	à une rue isolant le pavillon de la maison Lanusse, et allant ainsi de la rue Poissonnerie à la dite rue séparative.
1,134 m. c.	seraient employés à la halle et ses conséquences,
2,076	(en nombre rond 2,000) seraient vendus.
3,210 m. c. Total.	

Voici maintenant quels seraient les résultats financiers de ce système, en supposant que l'on retire 240 fr. le m. c. du terrain dont la partie acquise revient à 340 fr., et qui, dans son ensemble, accru de la surface des arceaux et des impasses, ressort à 255 fr. le mètre carré.

Ce n'est pas trop présumer que d'attendre 240 fr. le mètre carré du terrain qui serait vendu pour la construction d'habitations et de magasins sur le point le plus central, le plus commerçant, le plus agréable et le plus rentable de la ville; car ce terrain, étant consolidé depuis des siècles, ne saurait exiger, comme ceux de la rue

Vainsot et des allées Boufflers, des fondations exceptionnelles et tellement coûteuses qu'elles font plus que doubler le prix d'achat.

Comptant donc sur la revente du terrain à 240 fr. le mètre carré, nous examinerons les résultats financiers dans les deux hypothèses de subventions précédemment admises, à savoir :

	Selon les prétentions ministérielles.	Au prorata du prix d'achat.
Prix coûtant des 26 maisons..	1,160,000ᶠ	1,160,000ᶠ
A déduire, part de l'État pour le quai	150,000	452,200
Reste	1,010,000ᶠ	707,800ᶠ
A déduire, revente de 2,000 mètres carrés à 240 fr.....	480,000	480,000
Reste.	530,000ᶠ	227,800ᶠ
A ajouter coût d'un pavillon de Halle...	112,500	112,500
Le pavillon avec ses conséquences reviendrait à......	642,500ᶠ	340,300ᶠ

Ajoutant à ces sommes les frais non prévus dans les projets municipaux, pour les canaux, les trottoirs, le pavage des rues, on peut compter que le pavillon de Halle coûterait 650,000 fr. si la prétention ministérielle venait à prévaloir, 350,000 fr. si l'État payait le terrain au prorata de ce qu'il a coûté.

Examinons maintenant à quels résultats financiers l'on doit arriver en renonçant entièrement au projet de Halle, et en revendant, au même prix de 240 fr. le mètre carré, tout le terrain dont on dispose, y compris celui des arceaux et impasses.

On a vu que, déduction faite des 1,330 mètres carrés pour le quai, ce terrain a une surface de... 3,210 m. c.
On en retient :
pour une rue séparative...... 220 m. c.
pour élargissement de la rue Poissonnerie............... 290   } 510

Il reste...... .... 2,700 m. c., qui, au prix de 240 fr. le mètre carré, montent à 648,000 fr.

Reproduisant ici les sommes
ci-dessus de................. 1,010,000ᶠ   707,800ᶠ
et en déduisant ledit produit..... 648,000   648,000
le sacrifice de la ville se réduirait à 362,000ᶠ   59,800ᶠ

Il ne saurait être question, dans ce système, de cette rue des Halles prenant 1,008 mètres carrés dans les projets municipaux, puisque nous ne nous occupons plus ici de la Halle, dont elle avait pour but de dégager les abords.

En résumé, la Halle réduite à un pavillon de 814 mètres carrés coûterait, ainsi que nous l'avons dit, 650,000 fr. ou 350,000 fr. suivant la part contributive de l'État au dégagement du quai.

Et, si l'on renonce à la faire, le sacrifice pécuniaire de la ville se bornerait à 362,000 fr. ou 59,800 fr. dans les mêmes hypothèses, et toujours en supposant la cession de 1,330 mètres carrés à l'État et la revente des terrains au prix, très équitable, de 240 fr. le mètre carré.

De ces deux partis, lequel faut-il choisir? Je n'hésite pas à opter pour le second, parce qu'il importe bien plus à la ville que ses ressources en logements et magasins soient augmentées sur un point aussi central et aussi commerçant que d'y avoir une Halle. Une enquête ouverte à ce sujet ne pourrait manquer de justifier cette opinion. Nous appelons cette épreuve de tous nos vœux.

Passons de cette grande question des Halles à celles, bien importantes aussi, du pont Marengo, et de la rue qui doit relier l'Adour à la Nive, les allées Boufflers aux autres quartiers de la ville. J'ajouterai peu de mots à ce que j'en ai dit à M. le Préfet, par mes lettres des 4 et 6 octobre 1859, que je prie mes collègues de remettre sous leurs yeux.

Du Pont Marengo.

Les ponts Mayou et Pannecau étant si rapprochés, il semble que l'intérêt vrai de la ville ne réclame rien de plus que la passerelle dont nous jouissons. Peu de villes se trouvent même sous ce rapport aussi favorisées que la nôtre.

La pensée d'un troisième pont carrossable, de ce pont Marengo, avait été tout récemment repoussée par le Conseil Municipal lorsqu'elle fut reprise alors qu'une illusion étrange faisait croire à la nécessité, pour notre petite ville, d'un vaste quartier de Halles divisé en quatre pavillons distincts, et d'une étendue de 3,400 mètres carrés.

L'illusion détruite, ce quartier des Halles fut réduit à deux pavillons d'une étendue de 1,628 mètres carrés, et nous venons de voir qu'il y lieu de le réduire encore.

Que cette réduction soit admise, et que l'unique pavillon de Halle à édifier soit placé à l'entrée du pont Pannecau, le long de la rue Poissonnerie, ainsi que je l'indique, et il devient de plus en plus évident que le pont Marengo projeté n'a pas sa raison d'être.

Il n'a pas sa raison d'être, et nous allons voir que sa construction aurait les conséquences les plus fatales.

L'intérêt de la navigation ne permettrait pas, assurément, que l'arche de ce pont fût moins élevée que celle du pont Mayou, puisque celle-ci est déjà tellement surbaissée qu'elle oblige presque constamment les bateaux de Peyrehorade, de Bidache et de Came à déserter le port à mi-marée pour ne pas être condamnés à rester sans mouvement.

De là, nécessité impérieuse d'élever au niveau du pont Mayou les ponts Marengo et Poissonnerie, qui seraient en pierres, et d'élever aussi, par une conséquence naturelle, au même niveau le tablier des quais : car nul ne saurait admettre des quais onduleux, descendant d'un pont pour monter à l'autre, et ainsi de suite ; nul ne saurait admettre que les quais ne soient pas horizontaux.

Or, pour être mis au niveau du pont Mayou, le quai de l'ancienne Douane et le quai de l'Entrepôt, qui lui fait face, ne doivent pas être élevés de moins de 1 mètre 80 centimètres; et cela conduit à mettre en contre-bas des quais toutes les rues aboutissant à la rivière, à enterrer les arceaux de la Galuperie, aussi bien que toutes les maisons des deux rives.

Et, si l'on veut tout naturellement conserver la cale à gradins qui règne depuis le Port-de-Suzée jusqu'au milieu du quai de l'ancienne douane, cela conduit aussi à exproprier les quatre maisons qui se trouvent entre la rue Port-de-Suzée et la rue Port-de-Castets, attendu que, pour racheter cette hauteur de 1 mètre 80 centimètres en continuant la cale à gradins, il faut reculer le quai de 5 mètres, ce qui ne laisserait que 5 mètres de quai, largeur tout-à-fait insuffisante, devant ces quatre maisons.

N'y a-t-il pas là plus de considérations qu'il n'en faut pour faire repousser jusqu'à la pensée de ce pont Marengo ?

De la rue destinée à relier l'Adour à la Nive, les allées Boufflers aux autres quartiers de la ville.

Pour établir cette rue, les projets municipaux coupent le quartier Bourg-Neuf en diagonale en expropriant 17 maisons estimées 266,000 fr.

L'épreuve que nous venons de faire des estimations municipales nous donne la presque certitude que celles-ci sont également insuffisantes; et, à elle seule, cette considération devrait suffire pour nous faire chercher un moyen de reliement moins dispendieux, si d'autres ne nous en faisaient un devoir.

C'est, d'abord, la nécessité, que nous venons de reconnaître, d'abandonner jusqu'à la pensée du pont Marengo; puis l'avantage que nous offre le prolongement de la rue Pontrique jusqu'à l'Adour. N'est-ce pas la communication la plus naturelle, la plus simple, la plus commode et aussi la plus économique, puisqu'elle exige seulement l'acquisition de la maison de la rue Bourg-Neuf qui fait face à cette rue, et d'un jardin qui longe le mur d'enceinte de l'Hôpital militaire ?

N'est-ce pas aussi une raison puissante d'adopter cette communication, que d'avoir été tracée par le génie immortel auquel la ville de Bayonne était redevable de ce splendide décret du 20 juillet 1808, dont elle a si peu profité ?

Voici en quels termes elle se trouve décrite par ce décret :

« Acquisition d'une portion de jardin et d'une mai-
« son le long et à l'extrémité du bâtiment des Jacobins
« (sur lequel a été construit l'Hôpital militaire), don-
« nant sur la rue Bourg-Neuf, pour le prolongement
« d'une rue à ouvrir sur les terrains concédés, afin de
« communiquer du quai de l'Adour à la Douane, à
« l'Entrepôt et au quai de la rive droite de la Nive. »
(Dépense alors estimée 24,000 fr.)

Lorsqu'on a pour soi une aussi haute autorité, peut-on hésiter à modifier de la sorte un projet de reliement si coûteux, et qui ne peut s'éxécuter qu'en bouleversant un quartier populeux ?

Tout nous convie à cette modification : les convenances, l'économie, et jusqu'à l'abandon tout récent du projet de concentration des écoles chrétiennes, qui laisse libre jusqu'à l'Adour le terrain qui se trouve en prolongement de la maison et du jardin dont il s'agit.

CONCLUSION.

L'examen auquel nous venons de nous livrer doit avoir fait comprendre la nécessité d'abandonner les projets de construction des Halles Centrales, du pont Marengo, et du reliement de l'Adour à la Nive à travers le quartier Bourg-Neuf.

Ce sera donc avec confiance que j'aurai l'honneur de proposer au Conseil, dans sa prochaine session ordinaire de novembre :

1.° L'abandon de ces trois projets ;

2.° Le prolongement de la rue Pontrique jusqu'à l'Adour ;

3.° La revente, pour maisons d'habitation et de commerce, des terrains récemment acquis pour les Halles.

Que deviendra, dira-t-on, le produit de l'emprunt que nous venons de faire ? Il trouvera un très-utile emploi. N'aurons-nous pas en effet :

1.° A solder la moins-value des terrains qui seraient revendus et les raccordements qu'exigeraient les constructions nouvelles ;

2.° A construire le pont Pannecau, les chaussées pour relier la ville aux ponts-route, les artères qu'il s'agit d'ouvrir au nouveau quartier Saint-Esprit ;

3.° A rendre carrossable le quai de la rive droite de la Nive à son point de jonction avec le pont Mayou ;

4.º A construire un collége ;
5.º A relier la Halle actuelle avec la rue Salie ;
6.º A faire des lavoirs publics couverts à Saint-Léon et à Saint-Esprit !

Personne en ville ne regretterait de telles dépenses, et si elles n'absorbaient pas notre emprunt de 1,600,000 fr., nous aurions à remplir la douce obligation de réduire notre dette et nos impôts.

Bayonne, le 15 octobre 1861.

Émile DÉTROYAT.

www.ingramcontent.com/pod-product-compliance
Lightning Source LLC
Chambersburg PA
CBHW060553050426
42451CB00011B/1888